Marmorieren

auf Stoff und Papier

Hannelore Otto

Marmorieren
auf Stoff und Papier

ENGLISCH
VERLAG

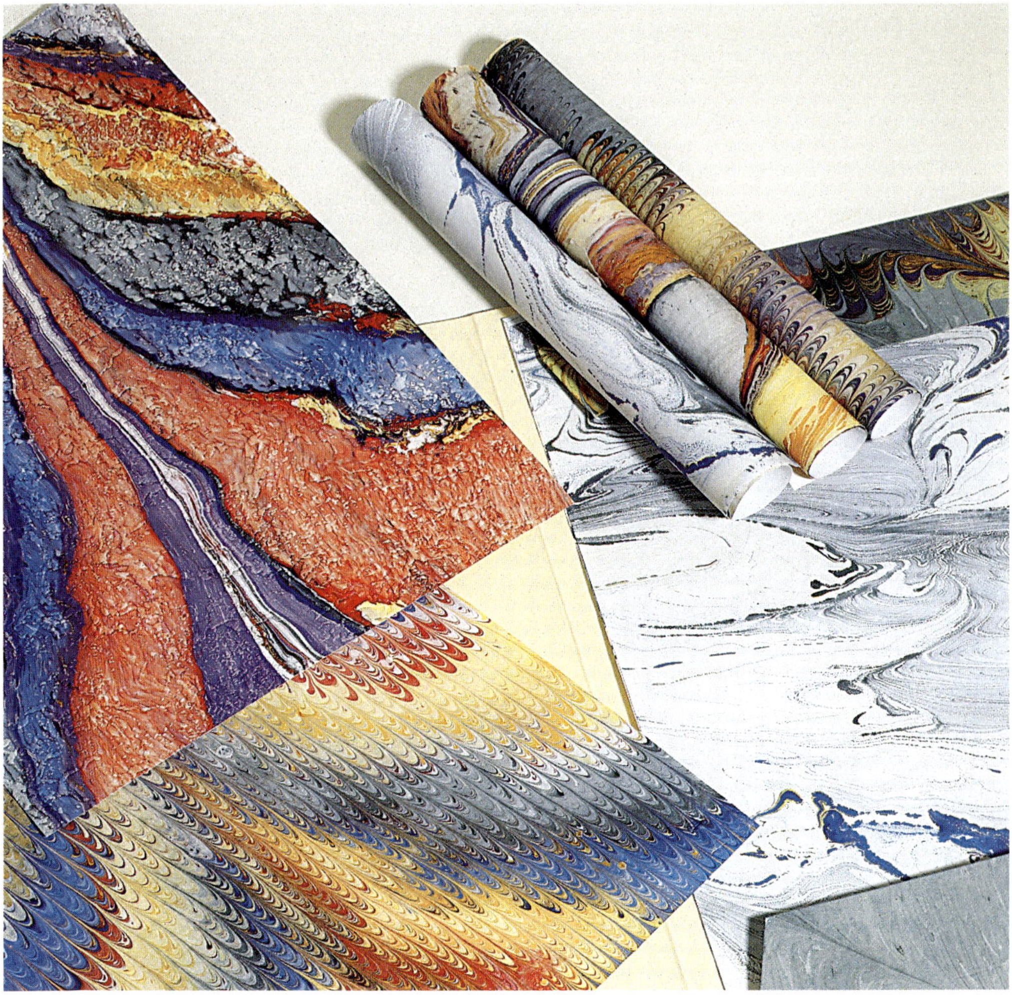

Die Deutsche Bibliothek – CIP-Einheitsaufnahme
Marmorieren auf Stoff und Papier / Hannelore Otto – Wiesbaden: Englisch, 1998
ISBN 3-8241-0787-2

© by F. Englisch GmbH & Co Verlags-KG, Wiesbaden 1998
ISBN 3-8241-0787-2
Titelfoto: Frank Schuppelius, Fotos: Susanna Héraucourt-Multer, Frank Schuppelius
Printed in Spain

Inhaltsverzeichnis

Musterbeispiel, s. S. 43

Vorwort

Über die wechselvolle Geschichte der Marmorierkunst ist schon in vielen Veröffentlichungen berichtet worden. Daher ist es mein Anliegen, Ihnen von meinem eigenen Weg auf diesem so faszinierenden Gebiet zu berichten und Sie zu eigenen Experimenten zu ermutigen. Bei meinen Versuchen in den vergangenen Jahren stieß ich auch auf ein System, welches die bisherigen Unwägbarkeiten, die nicht zuletzt durch die umständliche Herstellungsweise des Marmoriergrundes entstanden sind, ausschloss. Bei dem von mir angewandten Ausgangsprodukt ermöglicht die Pulverform ein genaues Abmessen, es bildet so auch für weniger geübte Freunde dieser bezaubernden Technik eine zuverlässige Grundlage zur Herstellung des Marmoriergrundes.

Die Beobachtung, dass sich die von mir bevorzugten Farben auf dem Marmoriergrund unterschiedlich ausbreiten, erlaubte mir, mich von den Vorbildern der Vergangenheit weitgehend zu lösen und meinen eigenen Stil zu finden. Einzelheiten zur gezielten Steuerung der Farben bei der Herstellung der Muster finden Sie im weiteren Verlauf der Beschreibungen in diesem Buch.

Bei kleinen Flächen (z.B. auf Papier) komme ich allerdings gerne auch auf die so beliebten kleinflächigen Muster nach alten Vorbildern zurück.

Auch nach Jahren intensivster Beschäftigung mit dem Marmorieren auf unterschiedlichen Materialien hat mich das „Marmorierfieber" nicht verlassen. Die ständig wechselnden Situationen und Veränderungen und manchmal auch das Unvorhergesehene üben nach wie vor eine starke Faszination auf mich aus.

In den von mir geleiteten Kursen erlebe ich immer wieder, welche Freude und Erfolgserlebnisse selbst Anfänger der Marmorierkunst bei der Herstellung der Muster haben. Das liegt sicherlich zum großen Teil auch daran, dass die Muster auf dem Marmorierbad entstehen und korrigierbar sind, bis der Vorgang durch Übertragen abgeschlossen ist. Dies geschieht in den meisten Fällen durch Auflegen. Nur wenige Gegenstände werden getaucht. Genaueres hierzu finden Sie gleichfalls auf den nachfolgenden Seiten. Es ist mir ein Anliegen, meine Erfahrungen bei der Herstellung von marmorierten Unikaten weiterzugeben und so ein klein wenig dazu beizutragen, dass die Kunst des Marmorierens und die damit verbundene Freude weiter verbreitet wird.

Hannelore Otto

Material und Werkzeug

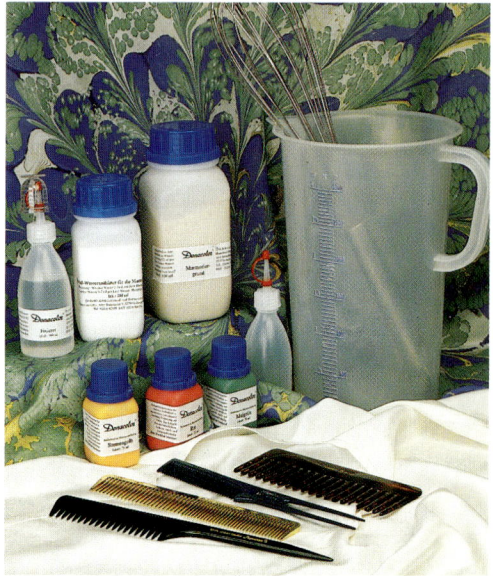

- ✔ Marmoriergrund
- ✔ Spezialwasserenthärter
- ✔ Seidenmal- und Marmorierfarben
- ✔ Fixierer für diese Farben
- ✔ Messbecher zum exakten Abmessen des Marmoriergrundes
- ✔ Leere Tropfflaschen zum Umfüllen und evtl. Mischen der Farben
- ✔ Verschiedene Kämme und langes Holzstäbchen
- ✔ Zusätzlich werden Seidentücher in verschiedenen Qualitäten, vorgefertigte Seidenblusen, Tischdecken aus Baumwoll-Damast etc. benötigt.

Benötigtes Material und Werkzeug zur Herstellung von mit marmoriertem Papier bezogenen Schachteln, Kästen und Mappen. Außerdem erforderlich: Guter Buchbinderleim.

Rezeptur zum Ansatz des Marmoriergrundes

Füllen Sie kaltes Wasser in ein hohes Gefäß (Litermaß o.ä.) ein.
1. Lassen Sie einen Spezial-Wasserenthärter unter Rühren mit dem Schneebesen einrieseln.

Dosierung:
Weiches Wasser benötigt ca. 2 bis 3 ml pro Liter Wasser, ein mittlerer Härtegrad ca. 4 bis 5 ml pro Liter Wasser und sehr hartes Wasser 6 bis 7 ml pro Liter. Wenn Ihnen der Härtegrad nicht bekannt ist, gibt Ihnen Ihr Wasserwerk sicher gerne Auskunft. Eine vorsichtshalber höhere Dosierung schadet nicht.

Tipp: Wenn Sie allerdings ausschließlich Papier marmorieren möchten, kann der Zusatz von Wasserenthärter ganz entfallen.

2. Im zweiten Arbeitsgang lassen Sie Marmoriergrund (Alginat-Pulver) unter Rühren mit dem Schneebesen einrieseln. Dosierung: Man benötigt 2 kleine Messbecher von je 6 ml pro Liter kaltes Wasser.

Als Nächstes schütten Sie alles in einen ausreichend großen Eimer. Hierin soll der Marmoriergrund mindestens 8 Stunden quellen. Zu Beginn, vor allem in der ersten halben Stunde, sollten Sie mehrfach umrühren, damit der Marmoriergrund keinen Bodensatz bildet.

Für die benötigte Gesamtmenge wiederholen Sie den Vorgang mehrfach (siehe hierzu die Angaben bei den Beispielmengen S. 11).

Vorbereitung der Farben

Die Donacolor Seidenmal- und Marmorierfarben, die ich für meine Arbeiten verwende, müssen mit 10 % Fixierer versetzt werden.
Zu diesem Zweck fülle ich die in etwa benötigte Menge Farbe in einen kleinen Messbecher und schütte den Inhalt dann in die Tropfflaschen. Nun kommt noch die entsprechende Menge Fixierer dazu. Ich halte mich dabei genau an die Angaben zu den Farben. Hier ist auch der Hinweis enthalten, dass die mit dem Fixierer versetzten Farben noch ca. 2 bis 6 Wochen haltbar sind. Es wird empfohlen, immer nur die Menge Farbe, die

auch verbraucht wird, mit dem Fixierer zu vermengen. Keinesfalls den Fixierer in die Original-Flaschen schütten!

Meine Erfahrungen dazu sind, dass die Haltbarkeit je nach Farbtyp oder Mischung sehr unterschiedlich ist und auch von der Aufbewahrung abhängt. Kühl und dunkel ist auf jeden Fall ratsam.
Die Farben sind dann unbrauchbar geworden, wenn ein Zersetzungsprozess beginnt. Sie gerinnen zuerst und bilden zum Schluss eine feste unlösliche Masse.

Fertigstellung des Marmorierbeckens

● **Sie benötigen verschieden große Rahmen zum Bau der Marmorierbecken.**
Hierzu werden außerdem durchsichtige Folie (z.B. Maler-Abdeckfolie aus dem Baumarkt) und Reißbrettstifte benötigt. Als Unterlage muss wegen des fehlenden Bodens eine ausreichend große Auflagefläche vorhanden sein. Mit einer hellen Abdeckung (altes Betttuch, Tischdecke oder Papier) und einer darüberliegenden Lage Folie haben Sie später die beste Sicht auf Ihre Arbeiten.

Größere Becken können auch sehr einfach aus einem vorhandenen Seidenmalrahmen oder aus gehobelten und auf Maß geschnittene Dachlatten bzw. Konstruktionsleisten (Baumarkt) hergestellt werden. Die Verbindung der Leisten an den Ecken kann durch das Anbringen von Metallwinkeln und Flügelschrauben erfolgen. Hierzu ist allerdings die exakte Bohrung von Löchern in die Leisten erforderlich. Diese einmalige Mühe wird mit der Haltbarkeit und der Möglichkeit, die Rahmen platzsparend aufzubwahren und bei Bedarf bereitliegen zu haben, belohnt.

Oftmals reicht jedoch auch eine Verbindung durch Nageln oder Kleben.
Die benötigte Größe des Beckens richtet sich nach der Größe des Materials, welches marmoriert werden soll.

Zu Beginn und zum Ausprobieren für kleinere Formate finden sich im Haushalt viele brauchbare „Marmorierbecken", z.B. Auflaufschalen, Blumenuntersetzer, Servierbretter, Fettpfanne des Backofens usw. Diese Behälter sollten zuerst wegen der besseren Sicht mit weißem Papier ausgelegt werden. Darü-

ber kommt dann eine Lage Folie, die gleichzeitig, wie z.B. bei den Eingrifflöchern im Servierbrett, die Aufgabe des Abdichtens übernimmt.
Dahinein schütten Sie dann den zuvor angesetzten Marmoriergrund. Die Füllhöhe beträgt ca. 1,5 cm.

● **Fertigstellung des Beckens mittels Leisten:**
Verbinden Sie bitte die Leisten miteinander in einer der zuvor beschriebenen Form.
Danach legen Sie ein entsprechend größeres Stück Folie in das Becken, ziehen diese am Innenrand hoch, im Verlauf über den Rand und befestigen die Folie mit Reißbrettstiften außen am Rand. Achten Sie bitte darauf, dass die Folie keine Falten schlägt! (Siehe auch Abbildungen bei den einzelnen Schrittfolgen der Mustererstellung).
Überschüssige Folie kann nunmehr abgeschnitten werden.

Marmoriergrund – Beispielmengen

1. Die Menge des anzusetzenden Marmoriergrundes ist abhängig von der Größe des Marmorierbeckens.
2. Das Marmorierbecken wiederum sollte einige Zentimeter größer sein als die Tücher oder andere Dinge, die Sie marmorieren möchten.

Hierzu einige Beispiele:
Seiden-Einstecktüchlein,
Größe ca. 28 x 28 cm
Beckengröße: mind. 30 x 30 cm
benötigte Marmoriergrundmenge für
eine Beckenfüllung: 2-3 Liter
Seiden-Nickitücher,
Größe ca. 55 x 55 cm
Beckengröße: mind. 60 x 60 cm
benötigte Marmoriergrundmenge für
eine Beckenfüllung: 6-8 Liter
Seidentücher, ca. 92 x 92 cm oder
Tischdecken
Beckengröße: mind. 100 x 100 cm
benötigte Marmoriergrundmenge für

eine Beckenfüllung: 12-15 Liter
Mit einer Beckenfüllung können durchschnittlich zwischen 10 und 20 Teile marmoriert werden. Je nach Arbeitsweise lässt es sich nicht verhindern, dass bei jedem Farbauftrag mehr oder weniger Tropfen auf den Boden sinken. Diese haben zwar keinen Einfluss mehr auf das Geschehen an der Oberfläche, sie behindern aber im Laufe der Zeit mit zunehmender Menge die Sicht.

Wenn man gezielte Muster erstellen möchte, ist dies dann der Moment, den Grund zu erneuern.

Für Freunde der Überraschungen kann allerdings gesagt werden: Im Prinzip kann marmoriert werden, bis der Marmoriergrund fast aufgebraucht ist. Für einige Versuche mit weniger wertvollem Material eignet er sich sicherlich immer noch!

Auffangbecken

● **Wäscheständer mit Auffangbecken**
Auf die gleiche Weise wie zuvor bei den Marmorierbecken beschrieben baue ich auch immer ein Auffangbecken für den ablaufenden Marmoriergrund mit evtl. überschüssigen Farben. Hierbei verwende ich allerdings eine dicke Folie (z.B. Baufolie), die dann mehrfach Verwendung finden kann. Das im Bild in der Ecke sichtbare rote Werkzeug (im Handel als „Schaufel und Besen" erhältlich), hat sich hervorragend zur späteren Beseitigung der Marmorier-Überreste bewährt.

Eignung und Vorbehandlung der verschiedenen Materialien: Seide, Baumwolle, Papier, Kerzen, Spandosen

1. Seide: Wenn Ihnen die Herkunft der Seide nicht bekannt ist, sollten Sie sie vorsichtshalber waschen. Ich beziehe allerdings nur reguläre Ware vom Fachhandel und kann so auf das Waschen verzichten. Allerdings ist ein sehr sorgfältiges Bügeln unbedingt erforderlich. Alle Falten müssen restlos ausgebügelt werden. Auch die Ränder der Tücher sollten schön glatt sein. Dies gilt besonders, wenn Sie die Übertragung der Marmormuster mittels Abrollen (siehe Schrittfolge „Bluse" bzw. „Schal") vornehmen wollen.

Geeignete Seiden: Crêpe de Chine, Crêpe Satin, Twill, Satin, Crêpe Georgette, Pongée ab Stärke 08. Seit kurzer Zeit ist auch eine besonders gut geeignete Seidenart auf dem Markt: Chiffon in der Stärke 06. Das Material ist auch beim Marmorieren durchlässig und die Farbwiedergabe ist hervorragend. Es ist beinahe kein Unterschied zwischen der rechten und linken Seite zu sehen!

2. Baumwolle: Diese muss auf jeden Fall vorher gewaschen werden. Sie ist in der Regel appretiert. Es dürfen keine Waschmittelreste im Gewebe verbleiben.

Spülen Sie die Baumwolle gut aus, trocknen Sie sie und bügeln Sie sie glatt.

3. Papier: Bei gut saugenden Papieren (z.B. Tonpapier, leichtem Karton, Schreib- oder Fotokopierpapier) kann ein vorheriges Beizen mit Aluminiumsulfat entfallen. Tolle Ergebnisse habe ich auch mit „überstreichbaren" Tapeten wie Glasfaser-, Raufaser- und Strukturtapete erzielt.

4. Kerzen: Hier ist eine Vorbereitung unerlässlich. Die Kerzen werden vor dem Marmoriervorgang durch Eintauchen mit einem Speziallack überzogen. Dieser dient dann als Haftgrund.

5. Spandosen: Für Spandosen ist eine Vorbehandlung nicht erforderlich.

6. Ostereier: Die ausgeblasenen und gut gereinigten Tauben-, Hühner- oder Enteneier werden auf Pfeifenreiniger gesteckt.

Mit einer Lösung aus Aluminiumsulfat und warmem Wasser werden sie dann nach Vorschrift gebeizt. Zum Trocknen hängen Sie sie an den umgebogenen Pfeifenreinigern auf.

Die Eier sollten wegen des Hautfettes nicht mehr angefasst werden.

Fertigstellung

1. Fixieren von Seide und Baumwolle: Die marmorierten Stoffe müssen gut durchgetrocknet sein, das kann bei Baumwolle durchaus 2 Tage dauern! Danach fixieren Sie sie entweder durch zügiges Bügeln mit dem Dampfbügeleisen auf „Baumwoll-Temperatur" von der linken Seite, oder bei 150 Grad im Backofen. Im Heißluft-Backofen geht dies besonders gut. Mehrere Teile können unbesorgt gefaltet und aufeinander gelegt werden. Das ganze „Fixierpaket" stecke ich in einen alten Kopfkissenbezug. Ich achte allerdings darauf, dass mein Fixiergut nicht an der besonders heißen Rückwand anstößt. Es liegt geschützt durch den Baumwoll-Bezug locker auf dem Rost. Die Fixierzeit ist abhängig von der Menge: z.B. 1 Tuch, 90 x 90 cm, etwa 8 Minuten, 10 bis 15 Tücher oder 6 bis 8 Baumwoll-Tischdecken ca. 40 Minuten, jeweils ohne Vorheizzeit.

Waschanleitung:
Nach dem Fixieren dürfen die marmorierten Teile keinesfalls direkt gewaschen werden. Vor der ersten Wäsche sollte der Stoff mindestens 4 bis 8 Stunden auskühlen und ruhen. Danach können die Seidenstücke mit der Hand lauwarm mit wenig Wollwaschmittel gewaschen werden. Wringen Sie die Teile nicht aus. In einem Frottiertuch werden sie glatt aufgerollt oder eingeschlagen. Später wird die noch mäßig feuchte Seide von links auf Wolltemperatur trockengebügelt. Teile aus Baumwolle können im Schonwaschgang der Waschmaschine mit wenig Feinwaschmittel auf 30 Grad gewaschen werden.

2. Papier: Papier wird nach dem Marmoriervorgang ebenfalls zum Trocknen aufgehängt. Danach wird von der Rückseite her gebügelt. Bei Weiterverarbeitung zum Bezug von Schachteln und Kästchen können die fertigen Objekte noch mit Sprühlack überzogen werden.

3. Spandosen: Hier erfolgt ein abschließender Überzug mit Sprühlack.

4. Ostereier: Die Eier werden im Tauchverfahren lackiert.

5. Kerzen: Evtl. nochmals in Wachslack tauchen.

Schrittfolgen der Mustererstellung

Allgemeines

Bei allen gezeigten Arbeiten sind die Donacolor-Farben mit Spritzflaschen aufgetragen worden. Diese erlauben einen zügigen und gezielten Farbauftrag.

Das Verzieren mit Kämmen oder Stäbchen erfolgt in ruhigen Bewegungen. Dabei sollten Sie das Werkzeug nicht zu tief eintauchen. Keinesfalls sollten Sie rühren!

verschoben. Hierbei wird ein leichter Wirbel des Marmoriergrundes vor dem Kamm erzeugt.

Eine Ausnahme bilden die „geschobenen" Muster (s. Abb. der Bluse S. 23). Hier wurde der „Strähnenkamm" mit dem Kammrücken nach unten fast bis auf den Grund ins Becken eingetaucht und dann die Farben an der Oberfläche durch eine leicht schwungvolle Bewegung des Kammes mit seiner Breitseite

14

Die Übertragung der Muster erfolgt sehr schnell. Bei Seidentüchern sobald der rollierte Rand sich auch vollgesogen hat. Die Baumwolle kann vom Marmorierbad hochgenommen werden, sobald die Feuchtigkeit auf der Rückseite durchscheint. Papier und die anderen gezeigten Materialien sind sofort marmoriert.

Übertragungsmöglichkeiten

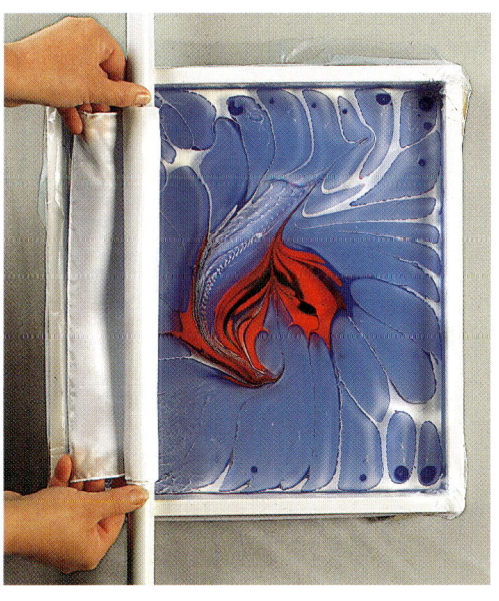

Diagonales Muster

Farben: Apricot, Sonnengelb, Blauviolett

1.

2.

Die Farbaufträge 1-3 werden jeweils übereinander in diagonalen Reihen getropft. Reihenfolge: Apricot, Sonnengelb, Blauviolett.

Verziehen: In gleichmäßigem Abstand wird der Auftrag mit dem Gabelkammteil in gleicher Richtung wie der zuvor erfolgte Farbauftrag verzogen.

3.

4.

Wiederholen Sie diesen Vorgang mit einem Holzstäbchen diesmal in senkrechter Richtung in Auf- und Abwärts-Bewegungen.

Übertragen Sie das Muster auf das Seidentuch zu zweit.
Hierbei wird das Tuch locker gehalten und zuerst in der Mitte abgesenkt.

5.

6.

Die Übertragung ist abgeschlossen.

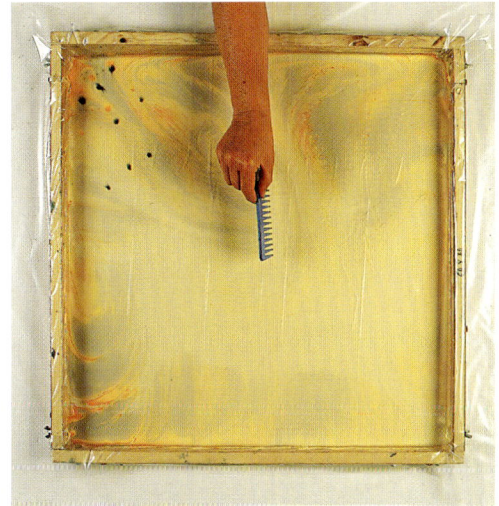

7.

Der Marmoricrgrund bildet einen Schutzfilm, der ein Abrutschen oder Verschmieren der Farben verhindert.
Hinweis: Die marmorierte Arbeit auf keinen Fall mit Wasser abspülen!

Im Bild 7 findet man die Vorbereitung für den nächsten Marmoriervorgang abgebildet.

Da die Becken immer etwas größer sind als die marmorierten Tücher oder Stoffe, ergeben sich Restfarben an den Seitenrändern. Diese können mit Streifen von altem Zeitungspapier entfernt werden. Dies sollte möglichst geschehen, solange das Seidentuch noch auf dem Marmorierbad liegt. Die abzudeckende Fläche und damit der Verlust an Marmoriergrund ist dann nicht so groß.

Wie auf der Abbildung oben deutlich zu sehen ist, breiten sich die restlichen Farben blitzschnell aus, sobald das Tuch hochgenommen wird. Ich bevorzuge allerdings die Methode, die Restfarben gleichmäßig über das gesamte Becken zu verteilen. Sie sind dann als feine Linien und Schattierungen auf den nächsten Tüchern zu sehen oder können für den nächsten Marmoriervorgang mitbenutzt werden.

Sie sind oftmals das berühmte „Tüpfelchen auf dem I".

Blütenmuster

Farben: Rot, Blau, Tannengrün, Weiß

1.

Farbauftrag 1-2

Zuerst verteilen Sie wenige Tropfen Tannengrün gleichmäßig auf dem Becken. Danach tropfen Sie zügig von außen nach innen in Kreisform um die grünen Tropfen den Rotton auf.

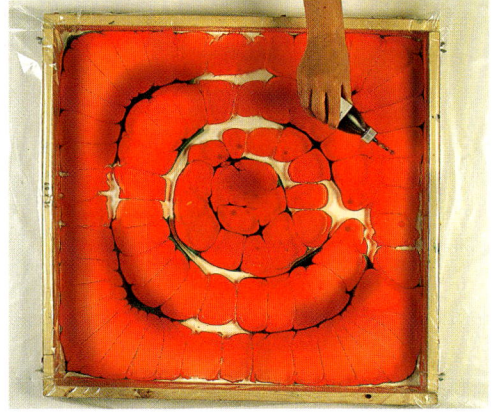

2.

Tragen Sie die rote Farbe in der zuvor beschriebenen Weise ein zweites Mal auf.

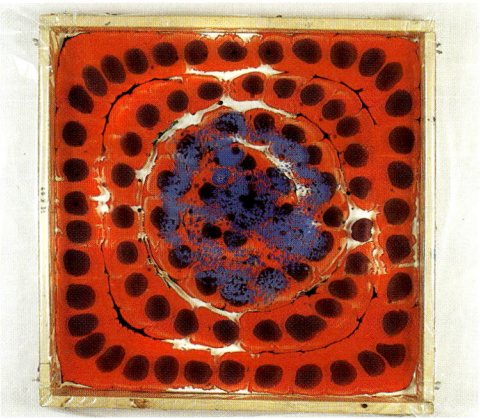

3.

Nunmehr wird der Blauton wiederum in Kreisform in das Rot getropft und in die Mitte wird eine Mischung aus Blau und Weiß in winzigen Tröpfchen gespritzt. Diese winzigen Tröpfchen erziele ich mit etwas Druck auf die Spritzflasche. Die Spitze dieser Flasche hat dann eine entsprechend kleine Öffnung. Ich schneide die Spitze zu diesem Zweck nicht ab, sondern steche sie nur mit einer dünnen Stopfnadel durch.

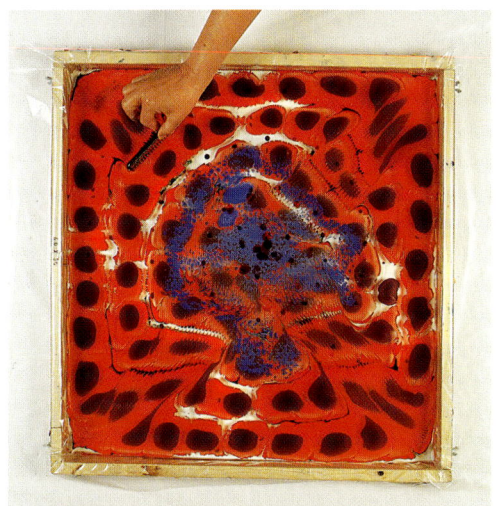

4.

Mit einem Kamm, dessen spitze Zähne nicht zu eng stehen sollten, verziehe ich nun jeweils von außen nach innen den Farbauftrag.

Ich beginne, an einer Ecke bis fast zur Mitte zu ziehen, und fahre mit der gegenüberliegenden Ecke fort.

Danach werden die Zwischenräume auf die gleiche Weise verzogen, ebenfalls nicht ganz bis zur Mitte.

Da alle Bewegungen in der Mitte enden, würde dort sonst ein „Durcheinander" entstehen.

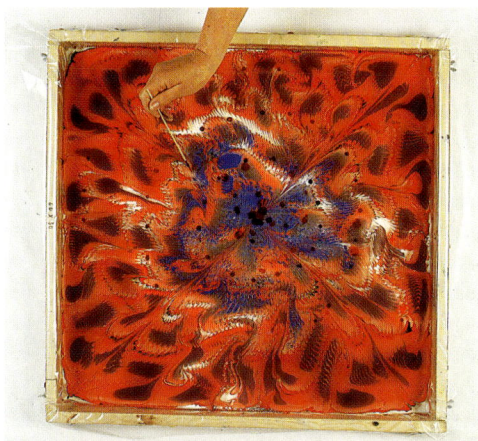

5.

Hier finden Sie den letzten Vorgang des Verziehens abgebildet: Mit dem Holzstäbchen wird, wieder beginnend in den sich gegenüberliegenden Ecken, der Farbauftrag nunmehr bis in die Mitte gezogen.

Danach werden die restlichen Felder ähnlich „Tortenstücken" mit dem Stäbchen eingeteilt. Mit dem Verziehen der Farben von einer Seite und danach von der gegenüberliegenden Seite soll ein Verschieben des für dieses Motiv wichtigen Mittelpunktes verhindert werden!

6.

Den Abschluss bildet dann eine kleine Spiralbewegung in der Mitte mit dem Holzstäbchen.

Das fertige „Blütenmuster".

19

Bewegungsmuster

Farben: Blauschwarz, Apricot, Flieder, Grau, Gelb

1.

2.

Das Auftragen der Farben geschieht bei diesem Muster in zwei aufeinander folgenden Arbeitsgängen.

In Reihen und im Wechsel werden aufgetragen: Blauschwarz, Apricot, Flieder. Beim zweiten Arbeitsgang werden die Farben Grau, Gelb, Flieder auf die gleiche Weise aufgetropft.

3.

4.

Verschieben Sie nun den Farbauftrag mit der Rückseite des „Strähnenkamms", wie dies bei den Schrittfolgen unter „Allgemeines" S. 14 beschrieben wurde.

Sie haben nunmehr das fertige „Bewegungsbild" vor der Übertragung vor sich.

20

Musterfelder

Farben: Blau, Braun, Apricot, Weiß

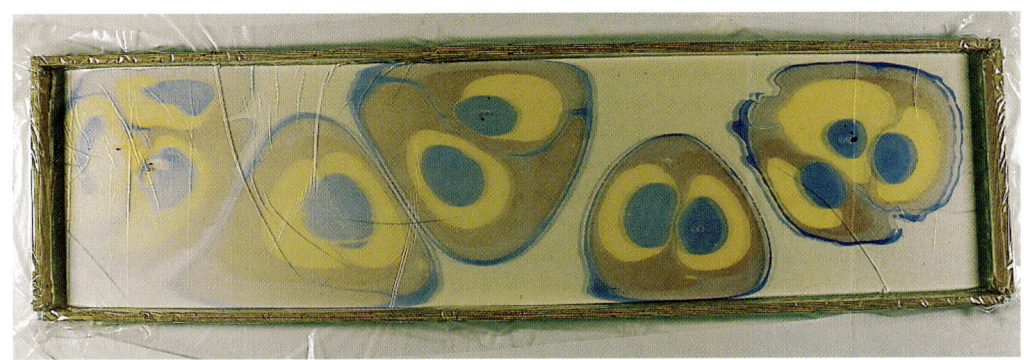

1.

Diese Arbeit bildet ein gutes Beispiel für das Anlegen von „Musterfeldern" (in diesem Fall werden 5 Felder angelegt) durch das Ineinandertropfen der Farben Blau, Braun, Apricot und Blau mit Weiß gemischt.

2.

Hieran im Anschluss verzieht man die Musterfelder leicht mit einem groben Kamm. Danach erfolgt ein Zusammenschieben der Farben durch dichten Farbauftrag von Blau/Weiß am Rand, sodass sich die Farben nur nach innen ausbreiten können und damit die bereits vorhandenen Farben zusammendrängen.

Anmerkung: Diese Vorgehensweise gelingt entweder mit sowieso stark treibenden Farben bzw. durch Beimischen der extrem stark treibenden Farbe Weiß.

3.

In Schlangenlinien wird nunmehr die Mischung aus Blau und Weiß zwischen den Musterfeldern aufgetragen.

4.

Nun erfolgt die Fertigstellung der Mus-terfelder. Mit einem engen Kamm ziehe ich etwa in der Form eines „Noten-schlüssels" den Kamm zuerst mit der „Breitseite" nach oben und führe ihn dann mit der Spitze wieder nach unten.

5.

Das Auflegen des Schals erfolgt zu zweit. Sie beginnen in der Mitte, legen das Tuch locker auf und lassen es in ei-ner fließenden Bewegung absenken.

Übertragungsmöglichkeiten

Übertragen durch Abrollen

Bluse, Crêpe de Chine 14
Farben; Blau, Apricot, Sand und
Aubergine

1. Verteilen Sie einige Tropfen Apricot über das gesamte Becken.

2. Verteilen Sie danach in Reihen die Farben Blau, Sand und Aubergine.

3. In die Reihe Blau tropfen Sie nunmehr Graublau und in die Reihe Aubergine nochmals Aubergine.

Das Verschieben des Musters geschieht wiederum mit der geschlossenen Seite des „Strähnenkamms", den Sie in den Marmoriergrund eintauchen.
An den „Spitzen" des Musters können Sie die Bewegungsrichtung erkennen. Den Anfang setzen Sie am unteren Rand, fahren etwas außerhalb der Mitte zur gegenüberliegenden Ecke und zurück durch die Mitte wieder zum unteren Rand.

Sodann schieben Sie die Farben noch in einer Bewegung vom oberen linken Rand in „S"-Form bis zur Mitte.

Dabei sollten Sie den Kammrücken drehen.

Das Zusammenschieben des Musters geschieht durch den Farbauftrag in kleinen Tropfen in dichten Reihen quer am Rand entlang.

Diese kleinen Tropfen erziele ich, indem ich die Spitzen der Spritzflaschen nicht abschneide, sondern mit einer dünnen Stopfnadel durchsteche.

Mit dem nötigen Druck auf die Flasche entstehen so eine Vielzahl winzigster Tröpfchen.

Den einmal gefundenen „richtigen" Druck halte ich dann, bis der Farbauftrag beendet ist.

Die Übertragung kann ohne zusätzliche helfende Hände erfolgen.

Übertragung durch Abrollen

Vor allen Dingen bei vorgefertigten Blusen mit offenen Seitennähten und angeschnittenen Ärmeln hat sich diese Übertragungsweise sehr bewährt. Wegen der Ärmel würden andernfalls vier „Marmorier-Fans" benötigt.

Die Bluse wird mit der rechten Seite nach außen, beginnend mit dem Rückenteil stramm und gerade auf ein Kunststoff-Rohr aufgewickelt. Diese Rohre sind im Baumarkt als Elektroleerrohre und dickere Exemplare für das Abrollen von großen Papierbögen als graue Abflussrohre erhältlich.

Für das Abrollen stelle ich mich an die Kopfseite des Beckens und fasse das Rohr zwischen Daumen und Zeigefinger. Gleichzeitig halte ich den Anfang der Bluse mit den beiden kleinen Fingern fest, damit der Stoff nicht vorzeitig in das Becken fällt. Sodann lege ich den Rand ein und rolle in einer fließenden Bewegung ohne Rucken auf dem Beckenrand ab. Hierbei bewege ich mich am Becken entlang zum anderen Ende.

Hier ein Vorschlag zur weiteren Nutzung des großen Beckens.

Manchmal werden nur 1 oder 2 Blusen benötigt. Danach teile ich das Becken in der Mitte durch eine Leiste. Das verhindert zum einen, dass die Muster wegen allzuviel Raum auseinander treiben, und ich kann gleichzeitig an 2 Becken arbeiten. Für viele Muster, z.B. solche mit

Mittelpunkt, ist es am günstigsten, wenn das Marmorierbecken nur wenig größer als das zu marmorierende Teil ist.

Durch das Arbeiten an mehreren Becken zur gleichen Zeit habe ich auch entdeckt, dass sich überraschende Erscheinungen durch „Stehenlassen" der Farben auf dem Marmoriergrund von selbst ergeben. Die Farben beginnen dann zu „krakeln", sie driften auseinander oder legen sich in neuen Formen dicht aneinander an. Bei vielen unterschiedlichen „Restfarben" ergeben sich dadurch überraschende und wunderschöne Muster. Probieren Sie das unbedingt aus!

Tipp:
Das Abrollen erlernt sich am leichtesten auf einem schmalen Becken, z.B. bei der Herstellung von langen Schals. Seide lässt sich am einfachsten abrollen.

Bei Baumwolle muss es sich um ein festes Gewebe handeln, sonst „läuft" es nicht ausreichend fließend vom Stab. Mit großen Papier-Bögen hatte ich die meisten Schwierigkeiten.

Erst nach vielen Fehlversuchen konnte ich das „Mitschwimmen" des Papieranfangs und das vorschnelle ruckartige Abrollen am Ende vermeiden. Seitdem benutze ich ein dickeres Rohr (Abflussrohr). Außerdem befestige ich den Beginn des Papiers mit einem etwa 5 cm langen Klebeband am Beckenrand, sodass ich den Bogen zwar absenken kann, er aber nicht beim Abrollen hinterherschwimmt.

Beim Abrollen müssen Sie nicht nur am Beckenrand entlanggehen, sondern am Ende auch geschwind bis zur anderen Kopfseite laufen und das Ablaufen des Papiers von der Rolle mit beiden Händen kontrollieren. Dabei kann vermieden werden, dass der Rest des Papiers mit zuviel Schwung und Ruck auf das Bad fällt und somit Luftblasen und ungewollte Verschiebungen entstehen.

Weitere Übertragungsmöglichkeiten

Hier sehen Sie das Auflegen kleinerer Papierbogen abgebildet.

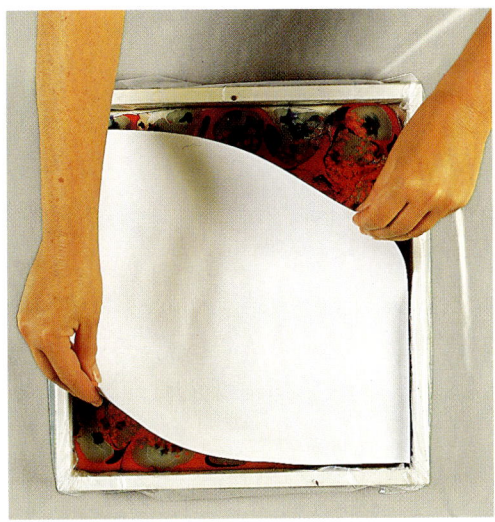

1.

2.

Hierbei ist hauptsächlich darauf zu achten, dass das Eintauchen und Absenken, wie auf Bild 2 zu sehen, von einer Kante aus über die gesamte Fläche bis hin zur anderen Kante in einer Art „wiegenden" Bewegung geschieht. Dadurch wird die Bildung von Luftblasen vermieden.

Das Marmorieren von Spandosen erfolgt im Tauchverfahren.

3.

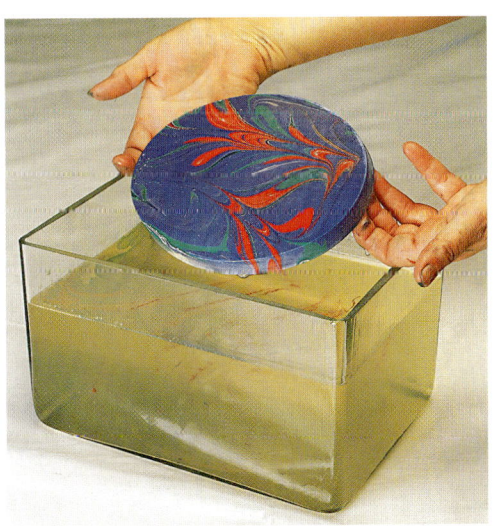

4.

Raumdekorationen

Tischdecken

Mitteldecke Baumwoll-Damast
80 x 80 cm
Farben: Blau, Grün, Türkis, Hellgrün
Passend zur blauen Tischdecke habe ich die Mitteldecke in den oben angegebenen Farben marmoriert.

Als Technik wurde ein Reihenauftrag verwandt. Anschließend wird das Muster verschoben.
Die Beschreibung der Mustererstellung finden Sie unter dem Übertragungsbeispiel „Bluse", S. 22, angegeben.

Farb- und Mustervariante
Mitteldecke, Baumwoll-Damast,
80 x 80 cm
Farben: Dunkelbraun, Kupfer, Oliv-
grün, Mittelbraun und Jade

Zu meiner terracottafarbenen Tischdecke
wähle ich eine bereits pastellig in Apricot vorgefärbte Mitteldecke aus Baum-

woll-Damast. Als Technik wähle ich einen flächigen Farbauftrag in unterschiedlich großen Feldern sowie große
und kleine Tropfen der Farben Dunkelbraun, Kupfer, Olivgrün, Mittelbraun
und Jade. Im Anschluss an den Farbauftrag erfolgt das Schieben der Farben mit
dem Kamm in großzügiger Schlangen-
linie.

30

Farb- und Mustervariante
Mitteldecke, Baumwoll-Damast,
80 x 80 cm
Farben: Sonnengelb, Mais, Olivgrün,
Aubergine, Kupfer und Jade.

Diese Mustervariante wurde in einem
dreifachen Farbauftrag angefertigt.

Sonnengelb wird gleichmäßig mit etwas
Abstand zueinander in großen Tropfen
über das gesamte Becken verteilt. Lassen
Sie die Farben austreiben. Die Fläche
sollte nicht völlig bedeckt sein, da sich
sonst nur schwer noch weitere Farben
auftragen lassen.

Der zweite Farbauftrag erfolgt in Reihen
und kleinen Tropfen in den Farben Mais,
Olivgrün, Aubergine, Kupfer, Jade.
Anschließend werden die Farben verschoben.

Jade wird mit Weiß gemischt und in
sehr kleinen Tropfen zügig über das gesamte Becken verteilt. Dabei sollten Sie
die Tropfflasche locker mit dem Handgelenk führen, als ob etwas „ausgestreut"
werden soll.
Die Anleitung zum Tropfenauftrag ent-
nehmen Sie bitte dem Schrittbeispiel zu
der Bluse auf S. 23.

Farb- und Mustervariante
Mitteldecke, Baumwoll-Damast,
80 x 80 cm
Farben: Olivgrün, Rotviolett, Tanne
und Aubergine

Im ersten Farbauftrag werden große
Tropfen in Reihen mit etwas Abstand
zueinander in Olivgrün und Rotviolett
aufgespritzt.
Im zweiten Farbauftrag werden kleine
Tropfen aufgespritzt: Tanne auf Olivgrün
und Aubergine sowie Rotviolett.
Geschoben wird der Farbauftrag über die
Ecken durch die Mitte und hier aneinan-
der vorbei (Abbildunng Seite 32).

32

Kerzen

Die Kerzen wurden jeweils direkt nach den Tischdecken am Beckenrand in den „überschüssigen" Farben marmoriert. Die Tischdecken können dabei ruhig auf dem Becken liegenbleiben, damit die Farben am Rand durch Hochnehmen der Decke nicht wegschwimmen.

Die Beckengröße ist 100 x 100 cm (auch für Tücher 90 x 90 cm), die Tischdecken 80 x 80 cm, sodass genügend Platz für die Kerzen bleibt.

Vorbehandlung: Die Kerzen werden auf kräftige Stopfnadeln gesteckt. Anschließend wird die gesamte Kerze in Spezial-Wachslack getaucht, am Docht angefasst und mit den Stopfnadeln in einen Steckschaum-Ziegel (Hobbyfachhandel) zum Trocknen gesteckt.

Zum Marmorieren fassen Sie die Kerzen am Docht und an den Stopfnadeln an und drehen sie leicht über die Oberfläche.

Dabei sollten Sie das Eintauchen der Kerze vermeiden. Versuchen Sie hierbei, die Drehung spiralförmig auszuführen, damit der Anfang nicht als gerader Strich sichtbar wird.

Gardine

**Material: Seidenchiffon mit Seiden-
satinstreifen
Farben: Marine, Gold, Kupfer, Grau
1 Bahn: 125 x 300 cm**

Beckeninhalt: 45 Liter Marmoriergrund
Die Gardine wurde in der Technik der
Musterfelder angelegt, in dem jeweils 2
bis 3 Tropfen ineinander bzw. nebenein-
ander gesetzt werden. Beginnen Sie mit
Marine, Gold, Kupfer und Grau. Danach

wird der Farbauftrag leicht mit dem groben Kamm verzogen.

Zum Schluss wird die Farbe Weiß in
winzigen Tröpfchen über die Musterfelder gesprüht, um damit diese Farbfelder
aufzusprengen.
Legen Sie nun zügig den Gardinenstoff
zu zweit auf.

Tipp: Sparsamer Farbeinsatz unter-
streicht hier das edle und zarte Material!

Bild

**Material: Leichter
Passepartout-Karton
Farben: Rot, Pflaume,
Marine/Weiß, Jade,
Zitrone, Grau.**

Entstanden ist dieses
Bild auf den Resten ei-
nes über Tage gehen-
den Marmorier-Kurses.

Es stellt den Ausschnitt
eines sehr großen
Beckens bei einer Füll-
höhe des Marmorier
beckens von nur weni-
gen Millimetern dar.

Bekleidung

Seidenbluse

Material: Crêpe de Chine 14 mit passendem Tuch, 90 x 90 cm, Material: Crêpe de Chine 08.
Farben: wenig Apricot, dann Graublau, Sand, Kaffee, Rotbraun.

Die Herstellung dieser Bluse erfolgt in der zuvor beschriebenen Arbeitsweise der Bluse auf S. 23.

Seidentücher und Schals

Tuch
Material: Chiffon-Satin, gestreift,
Farben: Gold, Senf und Blauschwarz

Hier erfolgt die Mustererstellung, indem der Farbauftrag in Reihen aufgebracht wird. Die Farben Gold und Senf werden dabei abwechselnd diagonal über das ganze Becken gegeben.
Mit dem Holzstäbchen werden die aufgetragenen Farben ebenfalls diagonal, aber in entgegengesetzter Richtung verzogen.

Der zweite Farbauftrag geschieht in zwei Reihen in Blauschwarz, die jeweils zwischen die bereits vorhandenen Farben gesetzt werden.
Diese blauschwarzen Reihen werden mit dem Stäbchen in gleicher Richtung wie der Farbauftrag verzogen.

Im dritten Farbauftrag wird Apricot in winzigen Tröpfchen übersprüht (Abbildung Seite 38).

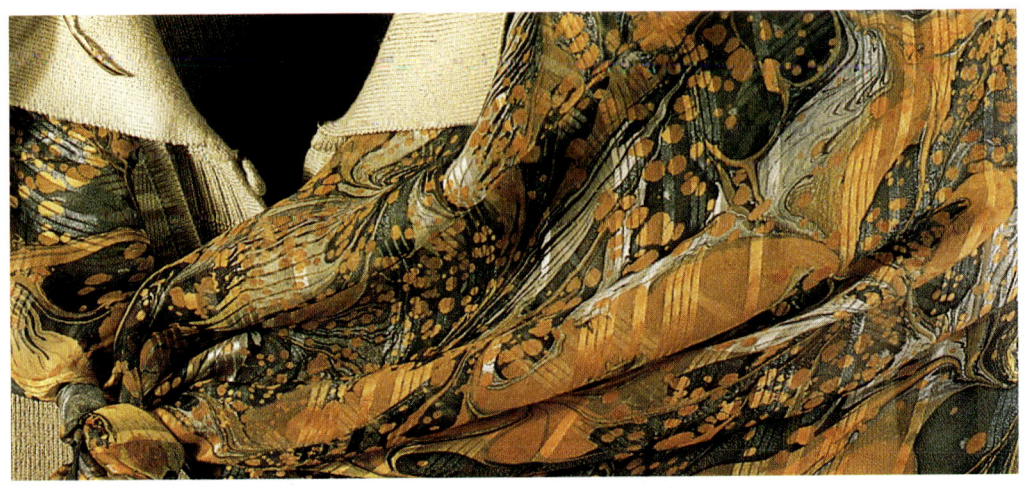

38

Tuch
Material: Crêpe de Chine 08,
90 x 90 cm,
Farben: Apricot, Nougat, Tanne

Zusätzlich zu den angegebenen Farben befanden sich noch viele Restfarben in Blautönen, Blauschwarz und etwas Rot in dem Becken. Sie wurden mit dem groben Kamm alle vom Rand bis zur Mitte verteilt. Sodann erfolgt der Farbauftrag jeweils über die gesamte Fläche und übereinander. Mit etwas Druck auf die Spritzflaschen werden die Farben zügig in der oben angegebenen Reihenfolge aufgespritzt.

Im letzten Arbeitsgang werden die Farben mit dem Gabelkamm in etwa gleichem Abstand von oben nach unten und zurückgezogen.

Schal
Material: Crêpe de Chine 08, 45 x 180 cm,
Farben: Kupfer, Apricot, Mais, Blauschwarz, Grau

Der Farbauftrag erfolgt hier zuerst in Reihen abwechselnd in Kupfer, Apricot, Mais, Blauschwarz.

Der zweite Farbauftrag kommt auf die jeweils vorhandenen Reihen: Apricot auf Kupfer, Mais auf Apricot, Grau auf Blauschwarz.

Im dritten Arbeitsgang wird der Farbauftrag in „Schlangen-linien" von einer Längsseite zur gegenüberliegenden ver-schoben.

Zusätzliche Gestaltung erfolgt mit dem Gabelkamm und zu-letzt kommt das Aufspritzen der Minitröpfchen in der Farbe Mais.

Tuch
Material: Crêpe de Chine 08,
90 x 90 cm
Farben: Pflaume und Sand, vorhandene Restfarben: Apricot, Gold, Sand, Pflaume, Mint, Jade

Zuerst werden die Restfarben der vorher angefertigten Tücher vom Rand mit einem breiten, engen und spitzen Kamm vorsichtig in Richtung Mitte gezogen. Danach trägt man dicht am Rand, quer zum Rand und am Rand entlang in kleinen Tropfen und mit lockerem Handgelenk in gleichmäßigem Abstand die stark laufenden Farben Pflaume und Sand auf. Dabei habe ich jeweils über zwei Ecken mit je einer kürzeren und längeren Seite die beiden Farben gegenübergestellt. Hieraus ergibt sich beim Zusammenfalten zum Dreieck je eine sandfarbene und eine violette Ecke.

Danach erfolgt das endgültige Zusammenschieben der Restfarben zu „Inseln" durch den nächsten Farbauftrag. Diesen Farbauftrag nehmen Sie in der Mitte mit gleicher „Streubewegung" und in kleinen, dichten Tröpfchen von Pflaume und danach Sand vor. Dabei wird die Farbe Pflaume in der Mitte von der Farbe Sand überlagert.

Nun muss gewartet werden, bis die Farben ganz ausgetrieben sind und zu krakeln beginnen.

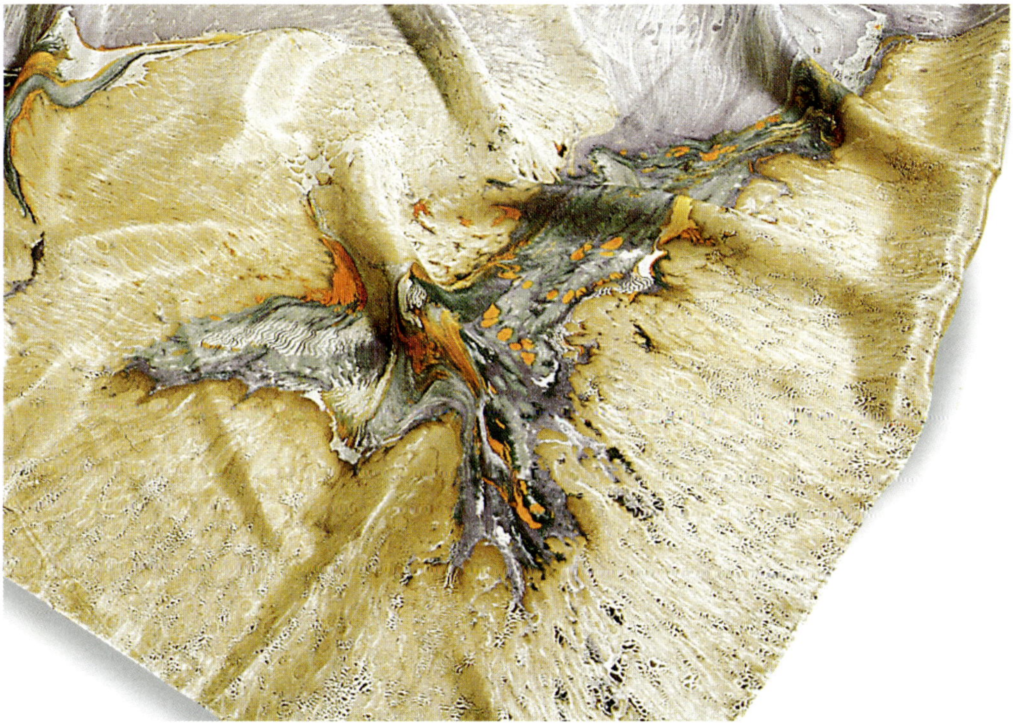

Diese Art des Marmorierens ist nur mit stark treibenden Farben für die Flächen und auf einem älteren Marmoriergrund möglich. Das gezeigte Tuch ist auf einem Marmoriergrund entstanden, der bereits 1 Woche alt war.

Tuch
Material: Crêpe de Chine 08,
90 x 90 cm,
Farben: Rot, Olivgrün, Sand,
Marineblau, Weiß und Jade

Am Rand des Beckens befanden
sich viele „Restfarben":
Rot, Olivgrün, Sand.

Zuerst habe ich noch einige
Tropfen der Farbe Sand in der
Mitte des Beckens verteilt und
dann alle Farben mit einem
grobzinkigen Kamm von außen
nach innen gezogen. Sodann
wurden in Reihen diagonal und
abwechselnd die Farben Marine
und Jade in großen Tropfen aufgetropft.

Der nächste Farbauftrag erfolgte
wieder in winzigen Tröpfchen
über der gesamten Fläche mit
der Farbmischung
Marine/Weiß.

Danach wurde mit dem Gabelkamm in gleichmäßigem Ab-
stand diagonal und entgegenge-
setzt zum Reihen-Farbauftrag
hin und zurückgezogen.

45

Tuch
Material: Crêpe de Chine 08,
90 x 90 cm,
Farben: Blauschwarz, Grau
und Jade

Bei diesem Tuch handelt es
sich um den ersten Farbauftrag
auf einem frischen Becken. Ich
habe die Erfahrung gemacht,
dass man hierbei mit besonderer Umsicht vorgehen sollte.

Wenn zuviel Farbe oder zu
dicht getropft wird, gehen die
Farben unter. Sie bleiben
grundsätzlich beim ersten Farbauftrag auf „Abstand". Es entstehen dadurch viele „weiße"
Stellen, die den Tüchern ein
elegantes Aussehen verleihen.

Ein vollflächiger Farbauftrag ist
erst bei den später folgenden
Mustern möglich.
Bei dem abgebildeten Tuch habe ich gleichmäßig zuerst die
Farbe Blauschwarz, danach
Grau und zuletzt Jade über das
Becken in großen Tropfen verteilt.
Danach habe ich die Farben mit
dem Holzstäbchen leicht ineinander gezogen.

be aufgetragen. Warten Sie einen Augenblick, bis die Farben ausgetrieben haben. Anschließend wird die Farbmischung Atlantikblau/Weiß in kleinen Tröpfchen

Tuch
Material: Crêpe de Chine 08,
90 x 90 cm,
Farben: Sand, Olivgrün, Marine,
Rot und Atlantikblau mit Weiß
gemischt.

Zuerst werden bei diesem Blütenmustertuch wenige Tropfen der Farben Sand, Olivgrün und Marine über das gesamte Becken verteilt.
Lassen Sie die Farben austreiben.
Sodann wird gleichmäßig und zügig in großen Tropfen und in Kreisform von außen nach innen die rote Far-

über das gesamte Becken „gestreut". Als letztes wird mit dem Holzstäbchen von außen nach innen (beginnend in den Ecken und jeweils von der ge-

genüberliegenden Seite aus) das gesamte Feld in gleichmäßige Segmente aufgeteilt. Das Fortsetzen der Arbeit, das immer von der jeweils gegenüberliegenden Seite erfolgt, hat den Sinn, den Mittelpunkt nicht zu verschieben.

Ziehen Sie dabei die Bewegung nicht ganz bis zur Mitte durch. Allzuviele Bewegungen in der Mitte ergeben sonst ein unklares Bild. Erst ganz zum Schluss wird der Mittelpunkt durch eine Drehbewegung hergestellt (s. hierzu auch S. 18).

Schal
**Material: Crêpe de Chine 08,
Größe 45 x 180 cm,
Farben: Atlantik- und Mari-
neblau, Maigrün und Jade**

Für dieses Steinmarmortuch brin-
gen Sie zuerst in großen Tropfen
die blaue Farbe gleichmäßig auf
dem gesamten Becken auf und setzen danach in die Lücken und
auch in das Marineblau die Farbe
Jade. Es sollen durchaus auch Stellen farbfrei bleiben. Die Seide
schimmert dann später weiß durch
und der Schal bekommt ein fri-
sches Aussehen.

Im nächsten Arbeitsgang wird die
Farbe Atlantikblau in einer Mischung von ca. 15 % mit der Farbe
Weiß in kleineren Tropfen zügig
über die gesamte Fläche mit einer
„streuenden" Handbewegung verteilt. Zum Schluss wiederholen Sie
den letzten Arbeitsschritt mit der
Farbe Maigrün.

Damit die Tröpfchen der Farbe
Maigrün möglichst klein bleiben,
ist es ratsam, den Schal für die
Übertragung des Musters schon in
Griffnähe aufgerollt (wenn Sie al-
leine arbeiten) bereitzulegen, bzw.
Ihr Helfer kann schon mit dem
Schal in der Hand neben dem
Becken stehen, sodass das Aufle-
gen sofort nach Beendigung des
letzten Farbauftrages stattfinden
kann.

Titelbildmotiv

Schachteln,
Mappen
und Kästen

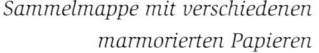

Sammelmappe mit verschiedenen
marmorierten Papieren

53

Geradezu unerschöpflich erscheinen die Möglichkeiten, marmorierte Papiere weiterzuverarbeiten. Bei der mir gestellten Aufgabe, für dieses Buch Anwendungsbeispiele zu fertigen, geriet ich in ein regelrechtes „Kästchen-Fieber". Erst als alle Rohlinge verarbeitet waren, kehrte wieder Ruhe ein.

Den meisten Spaß hatte ich an den verschiedenen Formen der kleineren Kästchen. Die Sechseck-, Quadrat- und Rechteck-Formate waren als vorgeschnittene und an den Kanten gefräste Graupappen-Rohlinge, deren Innenseiten schon weiß kaschiert waren, vorhanden.

Diese planliegenden Zuschnitte können zuerst wie ein „Schnittmuster" verwendet werden. Legen Sie sie auf die Rückseite des marmorierten Papieres und übertragen Sie die Umrisse mit einem Bleistift (s. Zeichnung S. 58).

Danach zeichnen Sie die Zugaben für den Einschlag von ca. 1 cm Breite, bei größeren Kästen entsprechend mehr, an. Das Anzeichnen der eigentlichen Kastengröße (gestrichelte Linie in der Zeichnung) ist hilfreich beim späteren Finden des exakten Mittelpunktes zum Bekleben des Kastens. Man braucht dann nur den inzwischen mit Streifen von glattem Kreppband (Malerbedarf, Baumarkt) über die Ecken der Seitenteile zusammengeklebten Rohling genau auf die Linien zu setzen.

Danach ziehen Sie zuerst die Längsseiten des Papiers an den Seiten hoch und kleben die entsprechend der Zeichnung eingeschnittenen Zugaben auf die Kopfseiten. Die Einschläge werden umgelegt und festgeklebt.
Anschließend werden die Kopfseiten ohne seitliche Zugaben hochgezogen und oben umgeschlagen.

Nunmehr drücken Sie mit dem Falzbein die „Nähte" nochmals an und arbeiten die gefrästen Kanten vorsichtig aus. Dies geschieht, indem Sie mit der runden oberen Kante des Falzbeines diese Linien mit wenig Druck entlangfahren.

Tipp zum Thema Kleben:
Ich habe die besten Erfahrungen mit Buchbinderleim (Planatol) gemacht. Legen Sie den Papierzuschnitt auf eine größere Unterlage, z.B. Tapetenreste, damit Sie beim Aufbringen des Klebers von der Mitte aus etwas über die Ränder hinaus mit dem flachen Pinsel den Kleber auftragen können. Den Leim hatte ich zuvor mit ca. 30% Wasser verdünnt. Dieses Einstreichen über den Rand hinaus bewirkt, dass die Ränder des marmorierten Papiers später auch wirklich einwandfrei haften.

Sechseck und Mini-Kästchen
Großer Sechseck-Kasten: Steinmarmor
Farben: Blaugrün und Jade.
Mustererstellung s. Tuch S. 50.

Kleiner Sechseck-Kasten:
Farben: Pflaume, Atlantikblau,
Graublau, Apricot.
Mustererstellung ähnlich der Beschreibung im Beispiel Schal Seite 21.

Herzform und Rechteck-Kästchen
Mustererstellung: Herz blau/grün
Farben: Mint, Blaugrün, Azur, Weiß, Jade

1. Farbauftrag: Einige Tropfen Mint und Blaugrün werden über das Becken verteilt.

2. Farbauftrag: Darüber wird eine Azurblau/Weiß-Mischung getropft.

3. Farbauftrag: Jetzt werden wieder die kleinen Tröpfchen in der Farbe Jade aufgetragen.
Verziehen Sie die Farben mit dem Holzstäbchen in einem Bogen, ähnlich einer Reihe von untereinander gesetzten „8".

Herz grau-schwarz/rot und Rechteck-Kästchen
Farben: Blauschwarz, zweimal Rot, Grau.

Mustererstellung wie vorstehend beschrieben.

57

Zeichnung

Deckel eines rechteckigen Kasten-Rohlings mit angezeichneten Zugaben für den Einschlag nach innen.

Anmerkung:

1. Fett gezeichnete Linien: Umriss des Rohlings.

2. Gestrichelte Linien innen: Größe des fertig zusammengeklebten Deckels und Aufsetzlinie beim Bekleben.

3. Halbfette äußere Linie: Schneidekante.

Nach dem Ausschneiden mit einem scharfen Messer (Cutter) an einem stabilen Lineal entlang, werden noch die Einschläge an den gestrichelten Linien bis zum fett gezeichneten Rand eingeschnitten.

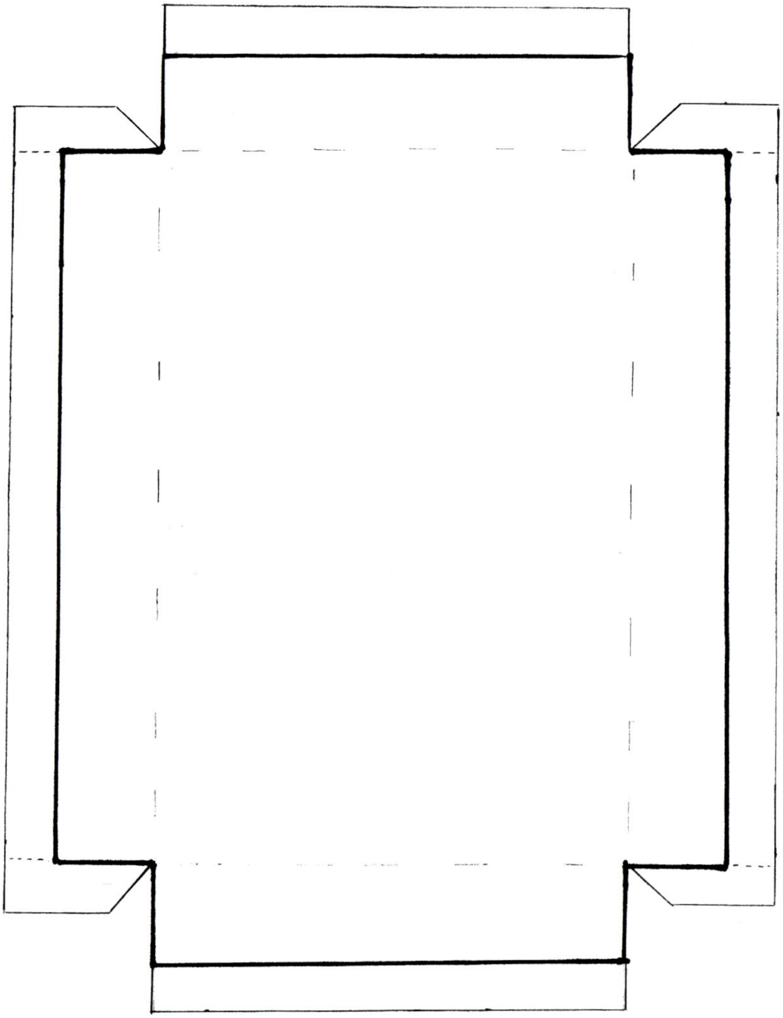

Sammelmappe
Senkrechtes Kamm-Muster, anschließend diagonal mit dem Holzstäbchen gezogen. Die Mappe wurde auf der Innen-
seite mit einfarbigem Tonpapier beklebt.

**Großer Kasten im Vordergrund
Farben: Sonnengelb, Apricot, Atlan-
tikblau, Weiß, Graublau
Bezug mit marmoriertem Baumwoll-
Stoff in Blau und Gelbtönen.**

Mustererstellung: Der Reihenauftrag
erfolgt ineinander jeweils mit Sonnengelb in Apricot und Atlantikblau /
Weiß-Mischung in Graublau. Danach
wird, wie unter Allgemeines bei den
Schrittfolgen beschrieben, verschoben
(s. S. 14).

**Kasten im Hintergrund
Farben: Mint, Jade und Azurblau mit
Weiß gemischt**

Mustererstellung: Zuerst werden einige
Tropfen Mint als Hintergrund über das
Marmorierbecken verteilt. Danach werden abwechselnd in Reihen die Farbe Jade und die Azurblau-Weiß-Mischung
aufgetropft.

Verziehen Sie die Farben mit dem Holzstäbchen wie schon bei den Herz-Käst-
chen S. 56 beschrieben.

60

**Schubladen-Box und Stehsammler
Farben: Grau, Atlantik und
Atlantik/Weiß-Mischung.**

Von der Schubladen-Box wurde lediglich
der Korpus mit marmorierter Glasfaser-
tapete beklebt.

61

**Großer Kasten: Schiebetechnik
Farben: Zitrone, Apricot, Jade,
Atlantik, Graublau und
Jade/Weiß-Mischung.**

**Schmales, langes Kästchen:
Reihenauftrag der Farben: Blau-
grau, Mint, Atlantik/Weiß und
Weinrot.**

Verziehen Sie mit einem grobzinkigen Kamm zuerst von links nach
rechts und danach durch die Zwischenräume von rechts nach links.
Abschließend wird dann von oben
nach unten verzogen.

**Kleines Kästchen
Farben des kleinen rechteckigen
Kästchens:
Kirsche, Sand, Rosa, Atlantik,
Türkis**